AF250917

LA CURÉE FINALE

PAR

CASSANDRE

Venit ineluctabile tempus.
Voici que vient la crise inévitable.
Adveniat regnum tuum.
Que votre règne arrive.

Prix : 1 exemplaire............. 0 fr. 10
12 exemplaires............ 1 fr. 00
50 exemplaires .... 4 fr. 00
(*Le Port en sus*).

EN VENTE

R. PRUD'HOMME, *éditeur à Saint-Brieuc,*
chez tous les principaux Libraires de la ville et de l'Ouest

15 AOUT 1896

LA
CURÉE FINALE

LA
CURÉE FINALE

PAR

CASSANDRE

Venit ineluctabile tempus.
Voici que vient la crise inévitable.
Adveniat regnum tuum.
Que votre règne arrive.

Prix :   1 exemplaire............... **0** fr. **10**
           12 exemplaires............ **1** fr. **00**
           50 exemplaires............ **4** fr. **00**
                   (*Le Port en sus*).

EN VENTE

Chez R. Prud'homme, *éditeur à Saint-Brieuc,*
et chez tous les principaux Libraires de la ville et de l'Ouest

15 AOUT 1896

LA CURÉE FINALE

Pourquoi cet opuscule ?

En cette fin de siècle, où, plus encore qu'à aucune autre époque de l'histoire, les masses feignent d'être devenues aveugles et sourdes à la vérité, c'est un devoir aussi, plus impérieux que jamais, pour tous ceux qui la voient et qui l'entendent, de la montrer et de la faire écouter, toujours et partout.

Sans doute ce devoir est ingrat, et ne doit procurer aucun profit à celui qui l'accomplit.

Mais, dans l'accomplissement d'un devoir, l'on ne doit chercher ni le succès, ni l'intérêt égoïste.

Le mobile doit être l'obéissance à la voix de la conscience ; et le but, la gloire de Dieu et le salut de ses frères. Quant à la récompense, il serait vain de la chercher ici-bas. « *Receperunt mercedem suam, vani vanam.* »

Comment en effet pourrait-on l'attendre d'hommes, auxquels on montre ce qu'ils ne veulent pas voir, et l'on crie ce qu'ils ne veulent pas entendre ?

C'est dans l'approbation de sa conscience, que l'on doit la trouver, dans cette vie ; et surtout, dans l'autre, que l'on doit espérer la recevoir, un jour, de la bouche de Celui qui l'a promise à ceux qui auront aimé la vérité et la justice, confondu le mensonge et combattu l'iniquité.

Saint Jean, lorsqu'il avertissait les hommes de son temps, savait parfaitement qu'il ne serait écouté et cru que d'un très petit nombre d'entre eux.

Cette perspective, peu encourageante cependant, ne le décourageait pas. Pourquoi ? parce qu'il avait conscience qu'il disait la vérité, et que, tôt ou tard, les événements justifiant ses paroles, force serait de reconnaître qu'elles étaient vraies.

« Je vous ai dit ces choses, afin que, lorsqu'elles seront arrivées, vous vous rappeliez que je vous les avais dites. »

De même, pour tout orateur, pour tout écrivain, consciencieux et véridique, le plus précieux encouragement, après le témoignage de sa conscience, est la certitude que, tôt ou tard, ceux qui refusent de l'écouter et de le croire, qui même lui lancent les démentis et les sarcasmes, qui s'efforcent de le couvrir de ridicule, seront forcés de reconnaître qu'il disait la vérité, lorsque ce qu'il avait annoncé se sera accompli.

La Vérité : voilà ce qu'il faut crier sur les toits, plus aujourd'hui que jamais, parce que la *Curée Finale* est proche.

Et c'est ce que nous allons essayer de faire.

CASSANDRE.

NOTRE PLAN

Pour bien coordonner ce que nous allons écrire, et lui donner un développement logique, nous allons le diviser en cinq chapitres, très courts, et, nous l'espérons, très clairs :

1º **La tactique des Impies,**

2º **La surdité et l'aveuglement des masses.**

3º **Les avertissements du Ciel.**

4º **Le châtiment, ou la Curée Finale.**

5º **Le salut, par le retour à Dieu.**

1° La tactique des Impies.

Nous ne faisons pas de politique.

Chacun est libre de conserver ses préférences, pour tel régime, ou pour tel autre ; et de croire, (car, sans cela, il n'y aurait pas de conviction patriotique, mais un intérêt égoïste), que c'est le Régime préféré, qui peut relever et sauver la France.

Pour nous, nous voyons le mal et le remède de plus haut. A la suite de Léon XIII, et avec les esprits les plus clairvoyants, les plus expérimentés et les plus désintéressés, nous voyons le mal, dans la guerre faite à l'Eglise et le remède dans le retour à l'Eglise. Si le peuple Français ne revient pas à Dieu, aucun gouvernement ne peut être ni fort, ni stable, pas plus une Royauté, ou un Empire, qu'une République.

« *Nisi Dominus ædificaverit domum, in vanum laboraverunt qui ædificant eam.* »

Les Révolutionnaires de tous les pays et de tous les temps, l'ont bien compris. Sachant qu'un pouvoir, qui s'appuie sur Dieu, est inattaquable, ils se sont toujours acharnés, et ils le font encore, à détruire, dans les âmes, la Foi en Dieu, à les soustraire à l'obéissance à ses commandements. « *Ecrasons l'infâme !* » Tel était le cri de Voltaire, leur aïeul satanique : tel est encore le cri de ses petits-fils, non moins endiablés.

Aujourd'hui, qu'ils ont sapé les trônes, le pouvoir est décerné par le *suffrage universel*. Déchristianisons les électeurs, se sont-ils dit : ainsi nous les démoraliserons, ainsi nous les asservirons. Et le *suffrage universel*, déchristianisé, démoralisé, asservi, deviendra, comme l'a dit Pie IX, le *mensonge universel*. Et il nous livrera le Gouvernement. Et, sous le nom de République, ce sera nous, les Juifs, les Francs-Maçons, les Anti-Chrétiens et les Anti-Français, qui gouvernerons, c'est-à-dire qui organiserons et maintiendrons la *Curée*.

Nous avons toujours cru, et la cruelle expérience que nous en faisons, nous fait croire, de plus en plus, qu'en France, ainsi que l'a dit son parrain Thiers, la République « finit toujours *dans le sang et l'imbécillité.* »

Et pourtant, (en théorie), on peut soutenir qu'une République *honnête* est possible. Seulement il y a, pour cela, une condition essentielle ; c'est, comme l'a dit encore le même Thiers, qu'elle sera *chrétienne*. « *La République sera c hrétienne, ou ne sera pas.* » Or, qu'y a-t-il de plus anti-chrétien que la République actuelle ?

Aussi, Mgr Gouthe-Soulard l'a-t-il caractérisée d'un nom, qui lui restera dans l'Histoire . « Nous ne sommes pas en *République,* mais en *Franc-Maçonnerie.* »

Pour nous, chaque fois que nous entendons chanter le « *Domine salvam fac Rempublicam* », nous admirons l'Eglise, qui prie pour le salut de ses bourreaux. Mais nous préférerions, de beaucoup, qu'au lieu de « *salvam* », on chantât « *sanctam* » ; car la République ne sera sauve, que si elle se sanctifie, c'est-à-dire redevient chrétienne. Ce changement logique, dans l'invocation, nous espérerions le voir faire par l'Episcopat Français, si *tous* nos Pontifes étaient, comme disait un jour Mgr Meignan, le défunt cardinal-archevêque de Tours, véritablement « les successeurs des apôtres. »

Mais.... Revenons à nos moutons.... endiablés, c'est-à-dire à la *tactique* de nos maîtres du jour, les *Juifs* et les *Francs-Maçons.*

Nous venons de voir qu'elle consiste à déchristianiser, et, par là, à démoraliser, par conséquent à asservir les masses ; de manière à pouvoir maintenir leur odieuse et funeste tyrannie sur ces nouveaux ilotes, abrutis et énervés, et continùer, sans crainte de révolte, le pillage et la noce.

Nous allons voir, dans le chapitre, qui suit, combien cette *tactique* inspirée par Satan, leur a réussi, les effets funestes qu'elle a produits, et les pas de géant qu'elle fait faire à notre pauvre patrie, vers la *Curée Finale*.

2° La surdité et l'aveuglement.

La Foi est la virilité de l'âme, et la gardienne de sa liberté.

D'un croyant faites un incrédule ; vous en ferez un énervé, et, par là même, bientôt un esclave ; « *ad servitutem pronus,* » écrivait Tacite.

Ne croyant plus à tout ce qui est vrai, beau, grand, généreux, surnaturel, il ne croira plus qu'à tout ce qui est faux, vil, dégradant, matériel ; et il n'aimera plus que cela. Incapable de s'élever, même de se relever, il ne saura plus que ramper dans la fange. Dès lors, tout ce qui lui faisait redresser le front et battre le cœur, les sentiments de religion, de patrie, de famille, ne feront pas plus d'effet sur lui que sur un cadavre, il ne sera plus sensible qu'aux instincts et aux aspirations de la brute.

Voilà l'idéal, pour les *Juifs* et pour les *Francs-Maçons,* de l'état moral, ou plutôt immoral, auquel on doit réduire les citoyens, pour les soumettre à leur joug, et les mettre dans l'incapacité de défendre leur patrie contre l'envahissement et le pillage de ces *barbares modernes.*

Pour parvenir à produire cet état humiliant de dégradation, tous les moyens leur sont bons : calomnies sacrilèges, journaux, feuilletons, romans impies et orduriers, spectacles immoraux, saturnales éhontées, fêtes, dites publiques, et qui, de fait, ne sont que des orgies. Et l'alcool ! ou plutôt tous ces breuvages, plus ou moins alcooliques, qui ne sont, en réalité que des boissons, plus ou moins empoisonnées !

On parle de supprimer le droit légitime des bouilleurs de crû : que l'on supprime donc d'abord tous ces rogommes, en grande partie fabriquées par l'Allemagne, qui contiennent tout, excepté de l'alcool naturel, et, par conséquent (à moins qu'on n'en absorbe trop) pas malsain. Mais non, cet alcool, celui des bouilleurs de crû (vin, cidre, même betterave ou blé), n'empoisonnerait, n'abrutirait pas assez sûrement, ni assez promptement, ceux qui en abusent.

L'autre vaut bien mieux. Il enrichit les mastroquets, grands électeurs ; et il abrutit la masse des pochards, petits électeurs, mais donnant la majorité.

Quel triomphe ! voilà les citoyens, les électeurs, ceux qui vont choisir les élus, les hommes auxquels seront confiées les destinées de la France, dans le véritable état électoral, voulu par les Francs-Maçons, c'est-à-dire *saoûls*, privés de raison !

Ah ! l'on comprend pourquoi nos tyrans sont si enragés pour multiplier les cabarets, surtout aux mains de leurs agents électoraux ! C'est leur meilleure propagande électorale ; il faut des brutes, pour élire d'autres brutes, et plus encore canailles.

Et l'on s'étonne, après cela, de voir élire, et même réélire, non pas les candidats les plus honorables, capables et désintéressés, mais des chéquards, des pot-de-viniers, des tarés, des faillis, des repris de justice, d'ex-communards, des voleurs, même des étrangers, qu'on envoie aux Chambres et qui devraient l'être aux galères.

Nous nous étonnions, dernièrement, de l'élection d'un de ces sinistres charlatans, en rappelant combien il était méprisable et méprisé. « Justement, nous répondit un de ses concitoyens ; ce n'est pas pour les vertus qu'il n'a pas, mais pour les vices qu'il a, qu'il a été élu. »

Quand la *Franc-Maçonnerie* et la *Juiverie* en sont arrivées à faire perdre à la masse électorale, (et elles les lui feront perdre de plus en plus, tant qu'elles seront au Pouvoir), à coup d'argent et d'alcool, le sens moral, national, religieux, au point de préférer l'incapacité à la capacité, le vice à la vertu, le mal au bien, il n'y a rien à espérer du *Suffrage Universel* ; et nous aurons des Chambres, de plus en plus idiotes, tarées, chéquardes et impies, des ministères et un gouvernement pareils. « Les peuples ont les gouvernements qui leur ressemblent, et qu'ils méritent. »

Essayez donc d'ouvrir les oreilles et les yeux, à ces nouvelles statues de l'*In exitu*, pour leur montrer que la *Curée Finale* approche et est proche.

Peine perdue ! elles ne voient plus, ni n'entendent. Après un grognement d'impatience, elles retournent, *sicut canis ad vomitum*, se le replonger dans l'auge *Judaïco-Maçonnico* gouvernementale, tant qu'il y a encore quelque chose à gratter, en s'écriant : « Après nous, le Déluge ! »

3º Les Avertissements du Ciel.

Et quel temps fut jamais plus fertile en miracles?

Quand on étudie l'histoire des peuples, à toutes les époques, un fait général vous frappe, et vous saisit d'admiration. C'est que jamais Dieu n'a permis qu'une nation disparaisse, sans lui avoir, longtemps à l'avance, donné, même prodigué, des avertissements, pour la prévenir de sa chute prochaine, si elle ne corrigeait ses mœurs, et ne revenait à la divinité.

Pour n'en citer qu'un seul exemple, est-il dans l'Histoire Ancienne, un seul peuple qui ait reçu plus d'avertissements que le peuple Juif, celui qui mérita longtemps d'être appelé le Peuple de Dieu, jusqu'au jour où il commit le plus grand des crimes, en mettant à mort le Messie promis? Voix de nombreux Prophètes, voix du Christ lui-même, signes dans le ciel, etc., rien ne fut épargné à la sourde, aveugle et ingrate Jérusalem, pour la prévenir de la ruine qui la menaçait.

Mais, nous dit l'Historien *païen* Joseph : « Tels étaient sa surdité et son aveuglement, qu'elle ne prêtait plus attention qu'à ceux qui injuriaient Dieu, et qui méprisaient sa Loi. » « *Objurantium Deum et legem.* »

Hélas ! comment ne pas reconnaître que pareils sont la surdité et l'aveuglement de notre pauvre France.

Baptisée chrétienne, il y a 15 siècles, à Reims, avec Clovis, patrie de Charlemagne, de saint Louis, de Jeanne d'Arc, de Louis XVI, et de tant d'autres saints, héros et martyrs, sa vie s'est développée et a glorieusement grandi, unie, on peut le dire, à celle de l'Eglise, dont elle avait mérité d'être appelée la Fille aînée. C'est bien elle que, depuis son baptême, on pouvait appeler le Peuple de Dieu.

Les révolutions, les guerres, étrangères, hélas ! quelquefois même intestines, l'ont souvent déchirée, épuisée, au point de voir ses ennemis pronostiquer sa ruine prochaine.

Mais Dieu était là. Les yeux levés vers lui, et la main sur son épée, surmontée de la croix, elle s'est toujours relevée, même après les terreurs et les horreurs de 1793, plus vaillante, plus forte, plus vivante que jamais.

Et voilà qu'aujourd'hui de nouveaux *Barbares* (car ils ne sont pas Français), des hordes, vomies par les *ghettos* et les *Loges*, même d'Etats voisins,

qui, plus prudents et patriotes que nous, les ont chassées, s'abattent sur elle, comme sur une proie, et s'acharnent à lui arracher sa Foi, sachant qu'une fois renégate, elle sera bientôt désarmée et asservie !

Et c'est un Gouvernement, osant se dire *National,* qui soutient ces *Barbares,* les encourage, bien plus les admet dans son sein, et leur livre le Pouvoir !

Et la France, en face de cette odieuse trahison, supporte cette livraison, et semble ne plus avoir ni l'énergie du patriotisme, ni même le souci de son existence !

Mais que faut-il donc pour réveiller son âme, et pour faire rebattre son cœur ?

Et pourtant, comme jadis pour Jérusalem, ce ne sont pas les avertissements qui lui manquent.

Ses bourreaux sataniques voudraient lui faire admettre qu'elle ne croit plus à Dieu et au surnaturel.

Or voilà que Dieu lui parle, par toutes les bouches, et de ses Ministres, — à commencer par l'admirable Léon XIII, — et des plus humbles Fidèles ; que les apparitions de Marie, sa reine (*Regnum Galliæ, Regnum Mariæ*), se multiplient sur son sol, La Salette, Lourdes,

Pontmain, etc. ; qu'elle est, on peut le dire, inondée de surnaturel.

Fait étrange, et qui paraît, au premier abord, contradictoire ! Plus on prétend que les masses se matérialisent, plus elles ont soif de surnaturel, de quelque côté qu'il provienne, même d'extra-naturel ou de præter-naturel, et plus elles s'y précipitent en foule.

Nous ne parlons pas de Lourdes, de La Salette, de Pontmain, etc., où l'on voit accourir des pèlerins, de plus en plus nombreux ; les faits qui se sont produits dans ces lieux privilégiés ayant été reconnus vrais par l'Eglise.

Mais quelle émotion ont provoquée et quel concours ont amené ceux qui se sont passés, et qui se passent encore à Tilly, et même chez Mlle Couédon ; bien que nous n'entendions nullement comparer ceux-ci à ceux-là !

Nous avons encore moins la prétention, comme certains écrivains laïques, probablement plus ignorants encore que nous en théologie, d'oser émettre notre opinion, en matière si grave et si entourée de ténèbres.

Fidèlement soumis aux décisions de l'Eglise et de son Chef, qui, *seul*, a le droit de prononcer un jugement définitif sur toutes les questions religieuses, et même sociales, nous sommes de ceux

qui croient que le devoir est d'attendre, hum-
blement, et sans impatience, que l'autorité ecclé-
siastique ait fait connaître ses décisions.

Ce que nous voulons conclure de tous ces faits,
au point de vue du sujet que nous traitons, c'est :

1° Que la Providence, pour la France, comme
elle l'a toujours fait pour le salut des Nations,
multiplie ses avertissements, sous toutes les
formes.

2° Que plus les *Sociétés secrètes,* d'accord avec
le Gouvernement, qui ne fait avec elles qu'une
même diablerie, crient partout que la France ne
croit plus au surnaturel, plus on voit les masses
y courir, comme par un besoin impérieux.

3° Que plus on prétend être parvenu à enlever,
du cœur de l'homme, la Foi, c'est-à-dire la
croyance au Christ et à son Eglise, plus il croit
à tout ce qu'il y a de moins prouvé, aux voyantes,
aux hypnotisées, aux nécromanciennes, aux tireu-
ses de cartes, aux diseuses de bonne aventure, et
autres farceuses, plus ou moins sataniquement
illuminées.

Donc, si, d'une part, la Providence nous aver-
tit, à chaque instant, et de toutes façons, du
châtiment qui nous menace, la *Curée Finale,* et
si l'on ne veut pas l'écouter ; d'autre part, l'on
court à tous les faux prophètes et à toutes les

fausses prophétesses, suscités par l'enfer, pour détourner les esprits et les cœurs de la vérité, et permettre à nos tyrans *Juifs* et *Maçons* de continuer le pillage et la bombance.

4° Le Châtiment, ou la Curée Finale.

Nous sommes Français, nous, qui ne sommes, ni *Juif*, ni *Francs-Maçon* : donc parlons franc.

Sous diverses rubriques, « Principes de 89, Droits de l'homme, Emancipation des intelligences, etc., » au fond, toutes les Révolutions n'ont été qu'une question d'appétits à assouvir, qui peut se résumer en cette formule unique : « Ote-toi de là que je m'y mette. »

Après avoir dépouillé la Noblesse et le Clergé, le Tiers-Etat, c'est-à-dire les Bourgeois, (les Girondins à cette époque), ont été à leur tour dépouillés, même de leur tête, par les Jacobins.

Depuis lors, à chaque Révolution, les prétendus modérés, qui les ont préparées, puis effectuées, avec l'aide des avancés, entraînant les masses, ont été dévorés, dès qu'ils ont été gavés et repus, par les faméliques qui n'avaient pas eu leur part, ou du moins une part assez large à la *Curée*.

Il est vraiment instructif et consolant, malgré les tristesses du présent et les inquiétudes de l'avenir, de voir aujourd'hui les *opportunistes*, enrichis de ce qu'ils ont volé dans le Panama, les chemins de fer du Sud et autres guets-apens, menacés par les *radicaux*, qui n'ont pas eu jusqu'ici une place assez large à l'assiette au beurre ; et ceux-ci, menacés à leur tour, par les *socialistes*, les *allemanistes*, etc., qui voudraient, et avec logique, y bâfrer à leur tour.

Dans toutes évolutions successives de la Révolution, le dindon, c'est et ce sera toujours la masse, qu'on flatte, pour les faire, des promesses les plus illusoires, et qui ne recueille, en réalité, que prisons, fusillades et déportations.

Quand donc comprendra-t-elle que tout complimenteur est un accompli menteur ?

Si une nouvelle Commune venait à s'établir, le devoir pénible de celui qui aurait la chance de la réprimer, serait, contrairement à ce qu'on a fait, en 1871, de mettre en liberté tous les insurgés trompés, et de faire fusiller tous les chefs trompeurs, les entraîneurs.

Un jour, à Versailles, nous osâmes le dire à Thiers. Il nous honora d'un haussement de ses petites épaules; après quoi, nous ne l'avons jamais revu. Et pourtant qui, de lui, ou de nous, avait raison ?

Si l'on avait agi ainsi, nous n'aurions pas aujourd'hui tant d'ex-chefs communards dans les hautes fonctions, et tant d'ex-pauvres petits communards, qui, la vengeance au cœur, n'aspirent qu'à recommencer, en voyant où sont parvenus les gros.

On le voit donc, toutes nos Révolutions n'ont abouti qu'à gaver les entraîneurs, et à faire mourir de misère et de faim les entraînés.

Maintenant, si bonne pondeuse que soit la poule aux œufs d'or, à force de la faire pondre, il arrivera forcément, comme nous disait un jour notre vieil ami Louis de Kerjégu, de vénérée mémoire, qu'on finira par la faire crever.

On a volé les biens de l'Eglise, et l'on continue; on a volé les trois quarts des biens de la noblesse; on vole encore, de plus en plus, chaque jour, la propriété *légitimement* possédée ou acquise, même la rente, qui n'est qu'un prêt consenti par l'Etat, au moyen d'impôts nouveaux, aussi iniques qu'exorbitants.

Il n'y a que les Juifs qu'on ne vole pas, les voleurs ne se volant pas entre eux.

Pourquoi ? Parce que ceux, qui sont déjà gavés, ne trouvent pas l'être encore assez, et que ceux qui ne le sont pas, voudraient l'être enfin à leur tour.

Et, chaque jour, on *vote* de nouveaux vols.

Il est pourtant évident qu'à force de piller toujours dans une bourse, si bien garnie qu'elle ait pu l'être, et en n'y remettant jamais rien, ou presque rien, à la fin l'on arrivera à en voir le fond.

Ce jour sera celui de la *Grande Curée Finale*.

Les ventres creux se précipiteront sur les ventres pleins ; non pas, espérons-le, sur ceux qui n'ont fait que conserver l'héritage légué par leurs ancêtres, ou qui ont acquis, par leur travail et leur intelligence, une honorable aisance pour leurs enfants, (ceux-là n'ont jamais volé personne et n'ont jamais refusé de venir en aide aux malheureux); mais sur ces voleurs de haut vol, les *Rotschild*, les *Hirchs*, les *Dreyfus*, etc., etc., qui, par des emprunts illusoires ou des escroqueries comme le Panama, ont judaïquement volé des centaines de millions au Trésor, à l'Epargne et à la sueur du peuple.

Nous ne sommes ni prophète, ni fils de prophète ; nous n'avons même pas, comme Mlle Couedon, la chance d'avoir un ange rimeur à notre disposition, au premier coup de sonnette.

Mais nous pouvons annoncer, d'accord avec tous ceux qui ont étudié notre état social et moral, et qui le connaissent, que la *Curée Finale* sera tout d'abord une *Curée Financière*.

N'est-il pas logique, du reste, que, notre siècle ayant été le siècle de l'or, où l'or a été le mobile et le but de toutes les Révolutions, la dernière ait, à fortiori, le même mobile et le même but.

Quand on ne pourra plus en tirer de la pauvre poule épuisée, on cherchera à dévorer la malheureuse, autrement dit, quand les revenus-impôts ne pourraient plus suffire, quand toutes les petites poches auront été vidées, pour aller bonder quelques grosses, on s'attaquera à ce capital, que ceux qui le convoitent appellent aujourd'hui *infâme*, et qu'ils trouveront légitime, s'ils peuvent le voler.

N'étant plus retenus, ni par la loi de Dieu, ni par le patriotisme, ni par la voix de la conscience, ni par le respect de la propriété et de l'autorité, vieux préjugés que la Révolution s'efforce d'effacer dans les âmes, les affamés se rueront où les poussera la voix du ventre, « *cujus Deus est venter.* »

Et la France s'effondrera dans la *Curée Finale.*

5° Le salut, par le retour à Dieu.

Si, logiquement, tel doit être le châtiment qui attend notre oublieuse et ingrate patrie, il n'est logique qu'en raisonnant *humainement*.

Heureusement la logique de Dieu est infiniment supérieure à celle des hommes ; et leurs destinées futures sont le secret de sa Providence.

Sa miséricorde étant infinie, autant que sa justice, s'il est parfois obligé de châtier un peuple, parce qu'il s'obstine à l'oublier, à l'outrager, à fouler aux pieds ses commandements, sa miséricorde n'attend qu'un retour vers Lui, pour pardonner au repentir, et détourner le châtiment mérité.

Si, dans notre France, aveuglée, trompée, énervée, terrorisée par un gouvernement aux ordres des *Juifs* et des *Francs-maçons*, il se commet des crimes épouvantables et de plus en plus nombreux, d'autre part grand, est encore le nombre des véritables serviteurs de Dieu, des fils dévoués à l'Eglise, qui donnent le salutaire exemple de la fidélité, du dévouement, de l'abnégation

et de toutes les vertus chrétiennes et patrio-
tiques.

Il est même indubitable qu'il se produit un
réveil, sérieux et nombreux, de la Foi, que
l'indifférence tend à disparaître de plus en plus,
et que, si les méchants augmentent leur audace,
les bons commencent à relever la tête, à affirmer
leur foi, à se grouper, enfin à se montrer résolus
à défendre leurs droits, au nom de la Liberté et de
l'Egalité.

Quoi qu'en disent les politiques, plus ou moins
désintéressés, il n'y aura bientôt plus, en France,
que deux partis, deux camps : celui des ennemis
de Dieu et de la société, *étrangers*, *naturalisés*,
juifs, *francs-maçons*, *opportunistes*, etc. ; et celui
des Catholiques, qui ont été, sont et seront
toujours les seuls bons et vrais Français.

Il faudra être de l'un ou de l'autre, suivant la
parole de l'Evangile : « *qui non est pro me contra
me est.* »

En cette situation, quel est le devoir des bons
citoyens ?

Il est aussi simple qu'impérieux et urgent.

Eclairer le peuple, lui montrer que ses flatteurs
qui se disent ses amis, sont en fait ses ennemis,
ses exploiteurs ; qu'ils ne le servent pas, mais
qu'ils *s'en servent* ; puis l'abandonnent, quand ils

sont parvenus, grâce à ses suffrages ; ou même, à l'occasion, le font mitrailler, s'il essaie de se révolter contre leur tyrannie.

Aimer le peuple, en lui venant en aide, soit personnellement, soit par ces associations de charité chrétiennes, qui sont les seules vraies, parce que seules elles ne sont pas inspirées par l'intérêt ou l'ambition ; en particulier les asiles et les écoles, où l'on apprend à connaître Dieu, à l'aimer et à le servir.

Enfin Lui donner le bon exemple, comme bon chrétien et comme bon citoyen ; ce qui lui prouvera qu'on ne peut goûter de paix, ici-bas, qu'en étant l'un et l'autre : soutenir les petits et les persécutés : défendre, et leur avoir, et leur liberté, et leur vie, et non moins leur âme, contre les misérables qui veulent les dépouiller, les asservir, les frapper, les corrompre et leur enlever la Foi.

Mettre en quarantaine tous les Juifs et les Francs-maçons ;

« Rompez, rompez tout pacte avec l'impiété. » N'avoir, avec ces démolisseurs de la Patrie, de relations, ni d'affaires, ni de personnes.

De quel droit tous ces impies viendraient-ils nous reprocher de ne plus les reconnaître comme des frères ?

On est frères quand on sert le même Dieu et la même patrie.

Et ils prétendraient être les nôtres ces rénégats, qui renient et insultent notre Dieu, qui refusent d'entrer avec nous dans ses Eglises, qui volent, persécutent, expulsent nos prêtres, nos religieux et nos religieuses, qui travaillent à démoraliser nos enfants, qui pillent et ruinent notre pays !

Jamais ils n'ont été ni ne seront nos frères : toujours ils seront, pour nous, des *Frères* ⁂, c'est-à-dire des *faux-frères*.

Les lois de l'Eglise ne sont pas changées, quoique certains le prétendent.

Ces patricides sont des *excommuniés*.

Donc, quiconque s'abaisse devant ces impies, qui ne fléchissent plus le genou devant Dieu, participe à leur *excommunication*.

Favoriser les industriels et les agriculteurs *Français*, et n'acheter jamais à ces maisons, dont les chefs, d'ordinaire inconnus, sont, en réalité, une *triplice* de juifs, de francs-maçons, et d'*étrangers*, ou fraîchement *naturalisés* à coups de pots-de-vin ; et dont le but est de ruiner, par le monopole, notre commerce *National*.

Dieu veuille que tous les vrais Catholiques, tous les vrais Français comprennent et pratiquent ces devoirs, aussi urgents qu'impérieux !

Alors la *Curée Finale* pourra être évitée.

La France, rendue aux Français, redeviendra la nation prospère, puissante et glorieuse, qu'elle fut, pendant quinze siècles, où elle demeura fidèle au Christ, qui aime toujours les *Francs*.

Vive Clovis ! Vive Jeanne d'Arc ! Vive la France ! Vive Dieu !

CASSANDRE.

896. — Saint-Brieuc, Imprimerie René PRUD'HOMME.

9 782012 976894